GOLDMANN

Buch

Im Jahre 1923 erschien in den USA ein »merkwürdiges kleines Buch« (Michail Nuaimy) mit philosophischen Betrachtungen, Meditationen und Gleichnissen über das Verhältnis der Menschen untereinander. Das Buch, an dem der libanesische Maler und Dichter Khalil Gibran rund fünfundzwanzig Jahre lang gearbeitet hatte, trug den Titel *Der Prophet* und wurde binnen kurzem ein sensationeller Erfolg und ein Kultbuch.

Khalil Gibran plante damals, diesem Werk noch zwei weitere Bände folgen zu lassen: *Im Garten des Propheten* mit poetischen Meditationen über die Beziehung des Menschen zur Natur und *Der Tod des Propheten* mit Betrachtungen über das Verhältnis des Menschen zu Gott. Der frühe Tod des Dichters hat diese Pläne zunichte werden lassen. Nur *Im Garten des Propheten* hatte Gibran noch so weit fertigstellen können, daß das Buch 1934 von seiner Schülerin und Nachlaßverwalterin Barbara Young postum veröffentlicht werden konnte. Diese Ausgabe wird hier erstmals in deutscher Sprache vorgelegt.

Im Garten des Propheten: Ein nachdenklich stimmendes und zutiefst poetisches Buch zu einem der bedrängenden Menschheitsthemen unserer Zeit – dem Verhältnis des Menschen zur Natur. Ein Werk, das in jeder Zeile Anregung gibt zur Selbst-, Um- und Neubesinnung.

Autor

Der Maler und Dichter Khalil Gibran wurde 1883 im libanesischen Becharré geboren. Die Jahre zwischen seinem zwölften und siebenundzwanzigsten Lebensjahr verbrachte er abwechselnd in seiner arabischen Heimat, in Europa, wo er sich u. a. in Paris dem Künstlerkreis um Rodin anschloß, und in den USA. 1910 ließ er sich endgültig in Amerika nieder, wo er sich fortan in erster Linie der Erneuerung der arabischen Literatur widmete. 1920 gründete er in New York die Arabische Literarische Gesellschaft. Khalil Gibran starb 1931 im amerikanischen Exil und wurde seinem Wunsch gemäß in einer Kapelle des Klosters Mar Sarkis in seinem Geburtsort Becharré beigesetzt.

Im Goldmann Verlag sind bereits lieferbar:

Gedanken des Meisters (9135) · Eure Seelen sind Feuer (9409) · Die Söhne der Göttin (9641) · Der Wanderer (geb. 30325) · Ausgewählte Texte (8432) · Das ewige Feuer (9731) · Das große Khalil-Gibran-Lesebuch (41362)

KHALIL GIBRAN

IM GARTEN DES PROPHETEN

Mit Zeichnungen
des Autors

Aus dem Amerikanischen übertragen
und mit einem Nachwort versehen
von Hans Christian Meiser

Goldmann Verlag

Die amerikanische Originalausgabe erschien unter dem Titel
»The Garden of the Prophet«
bei Alfred A. Knopf, Inc., New York

Umwelthinweis:
Alle bedruckten Materialien dieses Taschenbuches
sind chlorfrei und umweltschonend.

Der Goldmann Verlag
ist ein Unternehmen der Verlagsgruppe Bertelsmann

Umschlaggestaltung: Design Team München
Druck: Presse-Druck Augsburg
Verlagsnummer: 41107
UK · Herstellung: Klaus Voigt
Made in Germany
ISBN 3-442-41107-6

5 7 9 10 8 6 4

Almustafa, der Erwählte und Geliebte, der seiner Zeit eine Mittagssonne war, kehrte wieder zur Insel seiner Geburt im Monat des Tichreen, dem Monat der Erinnerung.

Als sein Schiff dem Hafen nahte, da stand er am Bug, und seine Seeleute waren um ihn. Und er trug Heimkehr in seinem Herzen.

Und in seiner Stimme sang das Meer, als er sagte: »Seht, die Insel unserer Geburt. Hier empfing uns die Erde, als Lied und als Rätsel; als ein Lied, das sich zum Himmel erhebt, und als ein Rätsel, das uns an die Erde bindet; denn was ist zwischen dem Himmel und der Erde, das das Lied emporträgt und das Rätsel löst, wenn nicht unsere Liebe.

Einmal mehr überläßt uns die See diesem Gestade. Wir sind nur eine Welle auf ihren Wogen.

Sie sendet uns, um ihre Botschaft zu verkünden, doch wie können wir dies tun, ohne das Gleichmaß unserer Herzen an Fels und Sand zu brechen?

Denn dies ist das Gesetz der Seeleute und des Meeres: Wenn ihr Freiheit wollt, müßt ihr durch die Nebel dringen. Immer sucht das Gestaltlose die Gestalt, wie auch die ungezählten Nebelschwaden sich sehnen, Sonnen und Monde zu werden; und wir, die wir vieles suchten und jetzt zu dieser Insel wiederkehren als geprägte Form, müssen wieder Nebel werden und von Anfang an neu lernen. Denn wie kann etwas leben und sich in die Höhen schwingen, wenn dies nicht dem Verlangen und dem Durst nach Freiheit entspringt?

Immer werden wir auf der Suche nach den Küsten sein, damit wir singen können und gehört werden. Denn was geschieht der Welle, deren Brechen kein Ohr wahrnimmt? Es ist das Unerhörte in uns, das unser tieferes Leid nährt. Und doch ist es gerade dies Unerhörte, das unserer Seele Gestalt verleiht und unser Schicksal bestimmt.«

Da trat einer der Seeleute vor und sagte:

»Meister, du hast unser Sehnen zu diesem Hafen gelenkt, und siehe, wir sind da. Und dennoch sprichst du von Trauer und gebrochenen Herzen.«

Und er antwortete ihm und sagte: »Sprach ich nicht von der Freiheit und dem Nebel, der unsere größere Freiheit ist? Dennoch unternehme ich in Schmerzen die Fahrt zur Insel meiner Geburt, wie der Geist eines Mannes, der erschlagen wurde und der kommt, um vor denen zu knien, die ihn erschlugen.«

Und ein anderer Seemann sagte: »Sieh die Menge dort am Hafen. Im Stillen haben sie den Tag und die Stunde deiner Ankunft erahnt, und sie sind hungernd nach Liebe von ihren Feldern und Weinbergen gekommen, um dich zu erwarten.«

Und Almustafa schaute weit über die Menge, und sein Herz fühlte ihr Sehnen, und er schwieg. Da erhob sich ein Schrei von den Menschen, und es war ein Schrei des Erinnerns und des Begehrens.

Und Almustafa richtete die Augen auf seine Seeleute und sprach: »Und was habe ich ihnen gebracht? Ein Jäger war ich, in fernem

Land. Gezielt und kraftvoll habe ich die goldenen Pfeile, die sie mir gaben, geschleudert, aber ich habe keine Beute gemacht. Ich folgte nicht den Pfeilen. Vielleicht schwirren sie jetzt unter der Sonne, in den Fittichen verwundeter Adler, die nicht zur Erde fallen wollen. Vielleicht sind sie auch in die Hände derer geraten, die ihrer bedurften, um Brot und Wein sich zu verschaffen. Ich weiß nicht, wo sie ihren Flug verbracht, aber dies weiß ich: Sie haben ihre Bahnen am Himmel gezogen.

Wie dem auch sei, die Hand der Liebe ruht immer über mir, und ihr, meine Seeleute, bestätigt meine Ansicht, und ich werde nicht schweigen. Ich werde schreien, sobald die Hand der Zeiten nach meiner Kehle greift, und ich werde singen, wenn meine Lippen entbrannt sind.«

Die Seeleute waren beunruhigt, da er diese Worte sprach, und einer sagte: »Meister, lehre uns alles, und vielleicht werden wir dich verstehen, denn dein Blut fließt in unseren Adern, und unser Atem verströmt deinen Duft.«

Da antwortete er ihnen, und Wind schwang

in seiner Stimme, als er sagte: »Brachtet ihr mich zur Insel meiner Geburt, damit ich euer Lehrer sei? Noch bin ich nicht gefangen im Käfig der Weisheit. Zu jung bin ich und zu unerfahren, um über anderes zu sprechen als das Selbst, welches stets das tiefe Verlangen nach dem Tiefen bildet. Laßt den, der meint, die Wahrheit zu besitzen, im Butterfasse suchen oder in einem Klumpen roten Lehms. Ich bleibe ein Sänger. Immer werde ich die Erde besingen und euren verlorenen Traum, der euch heimsucht zwischen jedem Schlafen. Und ich werde auf das Meer schauen.«

Nun lief das Schiff in den Hafen ein, und es legte an. So gelangte Almustafa zur Insel seiner Geburt und stand wieder unter seinem Volk. Und ein Schrei drang aus ihren Herzen, daß das Einsamsein seiner Heimkehr ihn erschütterte.

Das Volk schwieg und wartete auf sein Wort, aber er sagte nichts, denn Trauer der Erinnerung erfüllte ihn, und er sprach in seinem Herzen: »Habe ich gesagt, daß ich singen werde? Nein, aber ich kann meine Lippen öffnen, so daß die Stimme des Lebens aus mir spricht und – vom Wind getragen – Freude und Stärke bringt.«

Da trat Karima, die mit ihm als Kind im Garten seiner Mutter gespielt hatte, vor und sagte: »Zwölf Jahre hast du dein Antlitz vor uns verborgen und zwölf lange Jahre hungerten und dürsteten wir nach deiner Stimme.«

Zärtlich blickte er sie an, denn sie war es gewesen, die seiner Mutter die Augen schloß, als die weißen Schwingen des Todes sie umarmten. Und er antwortete und sprach: »Zwölf Jahre? Sagtest du zwölf Jahre, Karima? Nicht mit Sternenmaß habe ich meine Sehnsucht betrachtet, noch habe ich ihre Tiefe gelotet. Denn die Liebe, so sie Heimweh hat, erhebt sich über jedes Messen. Mancher Augenblick wirkt wie eine Ewigkeit der Trennung. Doch Trennung ist nichts anderes als ein Erschöpfen des Geistes. Waren wir wirklich je getrennt?«

Und Almustafa blickte in die Menge, und er sah sie alle, die Jugend und die Greise, den Gestählten und den Schwachen, jene, die von Wind und Sonne gerötet waren, wie die von

bläßlichem Aussehen. Und auf ihren Gesichtern lag glühendes Verlangen und Frage.

Und einer sprach: »Meister, viel Schmerz brachte das Leben unserem Hoffen und Wünschen. Die Herzen sind verwirrt, und wir begreifen nicht. Ich bitte dich, stärke uns und lehre uns, den Sinn des Leidens zu verstehen.«

Das Herz des Meisters fühlte Mitleid, und er sprach: »Das Leben ist älter als alles, das lebt; wie auch das Schöne strahlte, ehe die Schönheit auf Erden geboren ward, und wie auch das Wahre Wahrheit war, ehe es ausgesprochen.

Das Leben singt in unserem Schweigen und träumt in unserem Schlummer. Selbst wenn wir besiegt und tot sind, triumphiert das Leben. Und wenn wir weinen, lächelt das Leben dem Tag, und es ist frei, selbst wenn wir in Ketten gehen.

Oft finden wir das Leben bitter, doch nur, wenn wir selbst von Bitterkeit umhüllt sind. Und wir halten es für leer und unergiebig, doch nur, wenn die Seele zu öden Orten zieht und das Herz berauscht ist von sich selbst.

Das Leben ist tief, prachtvoll und weit entfernt zugleich; und obwohl euer Blick nur seine Füße fassen kann, ist es euch nah; und obwohl nur der Hauch eures Atems sein Herz erreicht, streift der Schatten eures Schattens sein Gesicht, und der Widerhall eures schwächsten Schreies wird Frühling und Herbst in seiner Brust.

Das Leben ist verhüllt und verborgen, wie auch euer größeres Selbst verborgen und verhüllt ist. Aber wenn das Leben spricht, werden alle Winde Worte; und wenn es von neuem spricht, so wird das Lächeln auf euren Lippen und die Tränen in eurem Aug' zum Wort. Wenn es singt, hören es die Tauben und sind ergriffen; und wenn es sich langsam nähert, sehen es die Blinden und sind entzückt und folgen ihm verwundert und erstaunt.«

Hier endete sein Reden, und eine tiefe Stille breitete sich unter dem Volke aus; und in der Stille lag ein unhörbarer Gesang, und sie fühlten Trost in ihrer Einsamkeit und in ihrem Schmerz.

Und alsbald verließ er sie und folgte dem Pfad, der zu seinem Garten führte, dem Garten seiner Mutter und seines Vaters, wo sie ruhten, sie und ihre Ahnen.

Und es gab welche, die ihm folgen wollten, da sie sahen, daß er heimging und alleine sein würde, denn da war niemand mehr aus seinem Geschlecht, das Fest des Willkommens nach der Sitte seines Volkes zu feiern.

Doch der Kapitän seines Schiffes riet ihnen: »Laßt ihn seinen Weg alleine gehen. Denn sein Brot ist das Brot der Einsamkeit, und sein Becher ist gefüllt mit dem Wein der Erinnerung; und alleine wird er ihn trinken.«

Und die Seeleute hielten sie zurück, da sie erkannten, daß die Worte des Kapitäns recht waren. Und alle, die sich am Hafen versammelt hatten, behielten ihre Wünsche bei sich.

Nur Karima folgte ihm eine Weile, da sie

den Schmerz seiner Einsamkeit und seines Erinnerns fühlte. Doch sie sprach nicht, sondern wandte sich zu ihrem eigenen Haus und weinte im Garten unter dem Mandelbaum und wußte nicht, worüber.

Almustafa gelangte zum Garten seiner Mutter und seines Vaters. Da trat er ein und schloß das Tor, damit niemand ihm folgen konnte.

Vierzig Tage und vierzig Nächte blieb er allein in diesem Haus und in diesem Garten. Und keiner kam, nicht einmal zum Tor, da es geschlossen war; denn alle wußten, er wollte alleine sein.

Und als die vierzig Tage und Nächte zu Ende waren, öffnete Almustafa das Tor, damit man eintreten konnte.

Und es kamen neun Männer, um im Garten mit ihm zu sein: drei Seeleute seines Schiffes, drei, die im Tempel gedient hatten, und drei seiner Kameraden, welche mit ihm in der Kindheit gespielt. Und sie wurden seine Schüler.

Eines Morgens saßen sie um ihn, doch es

war Abwesenheit und Erinnerung in seinen Augen. Da sagte der Schüler, welcher Hafiz hieß: »Meister, erzähle uns von der Stadt Orphalese und dem Land, in welchem du zwölf Jahre geweilt.«

Almustafa schwieg; und er richtete seinen Blick zu den Hügeln und sah zum unermeßlichen Himmel; und sein Schweigen brach.

Dann sprach er: »Meine Freunde und Weggefährten! Arm das Land, das voller Lehren ist, aber ohne Glauben.

Arm das Land, das Kleider trägt, die es nicht selber webte, das Brot ißt, das es nicht selbst erntete, und das Wein trinkt, der nicht aus eigener Kelter floß.

Arm das Land, das einen Tyrannen wie einen Helden verehrt und das einen ruhmbedeckten Eroberer für einen Wohltäter hält.

Arm das Land, das die Leidenschaft in seinen Träumen für gering achtet, aber sich ihr beim Erwachen unterwirft.

Arm das Land, das nicht seine Stimme erhebt, außer beim Begräbnis, das nichts rühmt, außer seine Ruinen und das sich nicht auflehnt, außer sein Hals liegt zwischen Schwert und Richtblock.

Arm das Land, dessen Führung arglistig ist, dessen Philosoph ein Gaukler und dessen Kunst Flickwerk und Fälschung ist.

Arm das Land, das seinen neuen Herrscher mit Trompetenstößen willkommen heißt und mit Hohngelächter ihn verabschiedet, nur um einen anderen wieder mit Trompeten zu begrüßen.

Arm das Land, darin die Weisen mit den Jahren schweigen und dessen stärkste Männer noch in der Wiege liegen.

Arm das Land, das gespalten ist in Teile, und darin jeder Teil ein eigen Land sich nennt.«

Ein anderer Schüler sprach: »Sag uns, was dein eigenes Herz gerade bewegt.«

Und Almustafa blickte diesen Mann an, und seine Stimme klang wie eines Sternes Melodie, als er sprach: »In euren Wachträumen, wenn ihr Stille bewahrt und euer tieferes Selbst wahrnehmt, fallen und wirbeln eure Gedanken wie Schneeflocken und umhüllen all die Töne eures Lebensraumes mit lichtem Schweigen.

Denn was sind Wachträume, wenn nicht Wolken, die sich entfalten und erblühen am Himmelsbaum eurer Herzen? Und was sind eure Gedanken, wenn nicht Blumenblätter, die die Bewegung eures Herzens auf Hügel und Felder streut?

Und wie ihr auf Frieden wartet, bis das Formlose in euch Gestalt geworden, so wird die Wolke sich auftürmen und zur Hand Gottes treiben, um ihr graues Verlangen zu wandeln in kleine Sonnen, Monde und Sterne aus Kristall.

Da sprach Sarkis, der an diesen Worten zweifelte: »Doch Frühling wird kommen, und all der Schnee unserer Träume und Gedanken wird dahinschmelzen und nicht mehr sein.«

Und der Meister antwortete, indem er sprach: »Wenn der Frühling kommt und die, welche Gott liebt, in schlummernden Hainen und Weinbergen aufspürt, wird der Schnee schmelzen und in Strömen fließen, um den Fluß im Tal zu suchen und Mundschenk zu sein für Myrthe und Lorbeerbaum.

Und so wird der Schnee eures Herzens schmelzen, sobald euer Frühling kommt, und so wird euer Geheimnis in Strömen fließen, um im Tal den Fluß des Lebens zu suchen. Und der Fluß wird euer Geheimnis erfassen und zur weiten See tragen.

Alles wird schmelzen und sich in Lieder wandeln, sobald der Frühling kommt. Sogar die Sterne der ungezählten Flocken des Schnees, die langsam auf die weiten Felder fallen, werden in singende Ströme sich wandeln. Und wenn die Sonne Seines Antlitzes sich über den Horizont erhebt, welcher erstarrte Klang würde sich dann nicht wandeln in einen Fluß von Melodie? Und wer von euch würde nicht Mundschenk sein für Myrthe und Lorbeer?

Erst gestern seid ihr auf bewegter See gewesen, und ihr wart ohne Küste und ohne ein Selbst. Da nahm der Wind euch auf, der Atem des Lebens, einen Lichtschleier auf seinem Gesicht; da ergriff euch die Hand des Lebens und gab euch Gestalt, und mit erhobenem Kopfe suchtet ihr die Höhen. Aber die See folgte euch, und ihr Lied ist noch in euch. Auch wenn ihr eure Abkunft vergessen habt, wird sie ihre Mutterschaft für immer geltend machen; und für immer wird sie euch zu sich rufen.

Bei eurem Wandern in den Bergen und in der Wüste werdet ihr stets der Tiefe ihres kalten Herzens gedenken. Und obgleich ihr oftmals nicht wißt, wonach ihr euch sehnt – stets ist es der See unendlich wogender Friede.

Wie anders könnte es sein? Wenn der Regen auf die Blätter der Wälder an den Hügeln fällt und der Schnee sich senkt, ist dies eine Gnade und das Zeichen einer Verheißung; wenn ihr im Tal eure Herden zum Fluß geleitet, wenn sich in euren Feldern die Bäche wie Silberströme im grünen Kleid vereinen, wenn in euren Gärten der Himmel im Morgentau sich spiegelt und wenn in den Wiesen der Abenddunst euren Heimweg sacht umhüllt, dann ist die See in euch, als Zeugin eures Erbes, die nach eurer Liebe fleht. Es ist die Schneeflocke in euch, und sie führt zum Meer.«

Wie sie eines Morgens im Garten wandelten, da erschien eine Frau am Tor, und es war Karima, die Almustafa geliebt hatte wie eine Schwester zu der Zeit, da er ein Knabe war. Da stand sie, ohne etwas zu begehren und ohne an das Tor zu klopfen. Voll Sehnsucht und Trauer blickte sie in den Garten.

Und Almustafa erkannte das Begehren in ihren Augen, und mit raschen Schritten begab er sich zur Mauer des Gartens und öffnete das Tor. Karima trat ein und ward willkommen.

Da sprach sie: »Weshalb hast du dich von uns abgewandt, so daß wir nicht im Lichte deines Antlitzes leben können? Denn siehe, wir liebten dich all die Jahre und warteten voll Sehnsucht auf deine unversehrte Wiederkunft. Und nun ruft das Volk nach dir und möchte mit dir sprechen. Ich bin sein Bote und komme und flehe dich an, dich ihm zu zeigen und zu ihm zu sprechen kraft deiner Weisheit, so daß du die gebrochenen Herzen tröstest und uns unsere Torheit nimmst!«

Almustafa blickte sie an und sprach: »Nenne mich nicht weise, bevor du alle Menschen weise nennst. Eine junge Frucht bin ich, die sich an den Zweig klammert, und es war erst gestern, daß ich eine Blüte war. Und nenne keinen unter euch töricht, denn in Wahrheit sind wir weder Weise noch Toren. Wir sind grüne Blätter am Baum des Lebens, und das Leben selbst liegt jenseits der Weisheit und jenseits der Torheit.

Und habe ich mich wirklich von euch abgewandt? Weißt du nicht, daß es keine Trennung gibt außer derjenigen, die sich die Seele selbst erdacht? Doch wenn die Seele auch diese Trennung überwindet, wird sie ein Gleichmaß in ihr.

Der Abstand, der zwischen euch und einem ungeliebten Nachbarn liegt, ist größer als der Abstand zwischen euch und eurem Geliebten, der hinter sieben Ländern und sieben Meeren weilt.

In der Erinnerung gibt es keine Grenzen; nur im Vergessen liegt eine Kluft, unüberwindlich für eure Stimme und euer Auge.

Zwischen den Küsten der Ozeane und den Gipfeln der höchsten Berge liegt ein geheimer Weg, den ihr gehen müßt, bevor ihr eins werdet mit den Söhnen der Erde.

Und zwischen eurem Wissen und Verstehen liegt ein geheimer Pfad, den ihr entdekken müßt, ehe ihr eins werdet mit den Menschen, und daher mit euch selbst.

Zwischen eurer Rechten, die gibt, und eurer Linken, die empfängt, liegt ein großer Abstand. Nur wenn ihr sie beide geben und empfangen laßt, hebt ihr den Abstand auf; denn es ist nur eine Angelegenheit des Bewußtseins, daß ihr nichts zu geben und zu nehmen braucht, um den Abstand zu überwinden. Wahrlich, die größte Entfernung liegt zwischen eurem Träumen und eurem Wachsein; und zwischen dem, was eine Tat ist und was ein Wunsch. Aber es gibt noch einen anderen Weg, den ihr gehen müßt, ehe

ihr eins werdet mit dem Leben. Doch werde ich nicht jetzt über diesen Weg sprechen, da ich sehe, daß du schon müde vom Gehen bist.«

Daraufhin ging er mit Karima und den neun Schülern zum Marktplatz, und er redete mit den Menschen, seinen Freunden und Nachbarn, und Freude kam in ihre Herzen und in ihre Augen.

Almustafa sprach: »Im Schlafe blüht ihr auf, und ihr lebt euer reicheres Leben, während ihr träumt. Denn all eure Tage verbringt ihr, um dafür zu danken, was ihr in der Stille der Nacht empfangen.

Oft denkt und sprecht ihr von der Nacht als der Zeit der Ruhe, doch in Wahrheit ist die Nacht die Zeit der Suche und des Findens.

Der Tag gibt euch die Kraft des Wissens, und er lehrt eure Hände die Kunst des Empfangens; aber es ist die Nacht, die euch zur Schatzkammer des Lebens führt.

Die Sonne lehrt alle Dinge, nach dem

Licht zu streben; doch ist es die Nacht, die alles zu den Sternen hebt.

Es ist die Stille der Nacht, die einen Hochzeitsschleier über die Bäume und den Wald webt und über die Blumen des Gartens; dann ist der Tisch reich gedeckt und das Hochzeitsgemach bereit; und in dieser heiligen Stille wird der Morgen empfangen im Schoße der Zeit.

So verhält es sich, und wenn ihr euch auf die Suche begebt, werdet ihr Nahrung und Erfüllung finden. Selbst wenn euer Erwachen am Morgen die Erinnerung aulöscht, ist die Tafel der Träume immer gedeckt und das Hochzeitsgemach bereitet.«

Er schwieg einen Augenblick, und seine Zuhörer erwarteten sein Wort. Dann erhob er seine Stimme und sprach: »Ihr seid Geist, obwohl ihr euch in Körpern bewegt; und wie Öl in der Dunkelheit brennt, seid ihr Flammen in einer Lampe.

Wäret ihr nur Körper, würde mein Dasein und Sprechen nichtig sein, als ob der Tote den Toten riefe. Doch ist es nicht so. Alles, was

unsterblich ist in euch, ist frei bei Tag und bei Nacht und kann nach dem Willen des Allerhöchsten nicht eingeschlossen und gefangen sein. Ihr seid Sein Atem, welcher wie der Wind weder gefaßt noch gefangen werden kann. Und auch ich bin Atem Seines Atems.«

Mit raschen Schritten entfernte er sich aus ihrer Mitte und ging wieder in den Garten. Aber Sarkis, der oft zweifelte, sagte: »Doch was ist es um die Häßlichkeit, Meister? Nie sprichst du vom Häßlichen.«

Almustafa antwortete ihm, und seine Worte klangen wie Peitschenhiebe, als er sagte: »Mein Freund, wird dich einer ungastlich nennen, so er an dein Haus gelangt, doch nicht an deine Türe klopft?

Und wird dich einer für taub und unachtsam halten, wenn er zu dir mit fremder Zunge spricht und du nichts verstehst?

Was du für häßlich hältst, ist es nicht das, was du niemals versucht hast zu erreichen und dessen Sinn zu verstehen du niemals wünschtest?

Wenn es Häßliches gibt, so sind es die

Schuppen auf unseren Augen und das Wachs, das unsere Ohren verstopft.

Mein Freund, nenne nichts häßlich außer der Furcht deiner Seele angesichts ihrer eigenen Erinnerungen.«

Eines Tages, da sie im Schatten weißer Pappeln saßen, fragte einer der Schüler: »Meister, die Zeit ängstigt mich. Sie geht über uns hinweg und stiehlt unsere Jugend, doch was gibt sie uns dafür?«

Und er antwortete und sprach: »Nimm eine Handvoll guter Erde. Vielleicht findest du ein Samenkorn darin oder eine Raupe. Wäre deine Hand nun groß und geduldig genug, würde der Same ein Wald werden und die Raupe eine Schar geflügelter Wesen. Doch vergiß nicht, daß die Jahre, die aus den Samen Wälder bilden und aus den Raupen geflügelte Wesen, Teile von diesem *Heute* sind.

Und was sind die Zeiten des Jahres, wenn nicht eure eigenen Gedanken, die sich ändern? Frühling ist ein Erwachen in eurer Brust, der Sommer aber ein Erkennen eurer

Fruchtbarkeit. Ist nicht der Herbst eure Vergangenheit, die dem Kindgebliebenen in euch ein Wiegenlied singt? Und ich frage, ist nicht der Winter ein tiefer Schlaf, voll von Träumen der anderen Zeiten des Jahres?«

Nun schaute ihn Mannus, der wißbegierige Schüler an und sah hinter ihm Pflanzen, die in Blüte standen und sich an den Platanen emporrankten. Und er sagte: »Sieh die Parasiten, Meister. Was sagst du über sie? Sie sind Diebe mit müden Lidern, die den standhaften Kindern der Sonne das Licht stehlen, und sie werden immer schöner, während der anderen Lebenskraft in ihre Zweige und Blätter fließt.«

Almustafa antwortete ihm und sprach: »Mein Freund, wir alle sind Parasiten. Wir, die danach streben, das Grasland in fühlbares Leben zu wandeln, stehen nicht über denen, die ihr Leben geradewegs vom Rasen erhalten, ohne etwas davon zu wissen.

Wird etwa eine Mutter zu ihrem Kind sagen: ›Ich gebe dich dem Wald zurück, der deine größere Mutter ist, denn mein Herz und meine Hand sind müde von dir.‹?

Oder wird ein Sänger sein eigenes Lied tadeln und sagen: ›Nun kehre zurück zum Käfig des Widerhalls, dem du entstammst, denn deine Stimme verbraucht meinen Atem.‹?

Und wird der Schäfer zu seiner Herde sagen: ›Ich habe keine Weide, wo ich euch hinführen könnte, deshalb lasse ich euch ziehen, damit ihr Opferlämmer werdet.‹?

Nein, mein Freund, stets liegt die Antwort vor der Frage, wie die Träume erfüllt sind schon vor dem Schlaf.

Wir leben einer vom anderen, nach einem alten, ewigen Gesetz. Laß uns so leben in liebender Freundschaft. Wir suchen einander in unserer Einsamkeit, und wir gehen auf die Straße, wenn wir keinen Herd haben, an dem wir sitzen können.

Meine Freunde und Brüder, die breite Straße ist euer Gefährte.

Diese Pflanzen, die auf den Bäumen leben, trinken die Milch der Erde in der süßen Stille der Nacht, und die Erde – in ihrem ruhigen Schlaf – saugt an der Brust der Sonne.

Und die Sonne und ihr und ich und alles,

was ist, wird in gleicher Weise bewirtet an der Tafel des Fürsten, dessen Tor immer offen steht und dessen Tisch stets gedeckt ist.

Mannus, mein Freund, alles, was ist, lebt stets von allem, das ist; und alles, das ist, lebt in der Hoffnung, doch ohne Gestade, von der Gabe des Allerhöchsten.«

In der Morgendämmerung schritten sie gemeinsam in den Garten, wandten ihre Augen nach Osten und schwiegen angesichts der aufgehenden Sonne.

Nach einer Weile hob Almustafa seine Hand und sprach: »Das Bild der Sonne in einem Tautropfen ist nicht weniger als die Sonne selbst. Das Abbild des Lebens in eurer Seele ist nicht weniger wert als das Leben selbst. Ein Tropfen des Taues spiegelt das Licht wider, denn es ist eins mit dem Licht, und ihr seid ein Ebenbild des Lebens, denn ihr und das Leben seid eins.

Wenn euch Dunkelheit umhüllt, sagt: ›Die Dunkelheit ist eine Morgendämmerung, die darauf wartet, geboren zu werden; und selbst wenn die Qualen der Nacht auf mir lasten, der Morgen wird geboren sein, in mir wie auf den Hügeln.‹

Der Tautropfen, der eine Perle bildet im Kelch der Lilie, ist wie ihr, wenn ihr eure Seele in Gottes Herz legt.

Wenn ein Tautropfen sagt: ›Werde ich auch in tausend Jahren ein Tautropfen sein?‹, dann antwortet ihm: ›Weißt du nicht, daß das Licht aller Zeiten in deinem Wesen scheint?‹«

Eines Abends, als ein gewaltiger Sturm aufkam, ging Almustafa mit seinen neun Schülern in das Haus, und sie saßen um das Feuer und schwiegen.

Da sagte einer der Schüler: »Meister, ich bin alleine, und die Schläge der Stunden peinigen mich.«

Almustafa erhob sich und trat in ihre Mitte, und mit der Stimme eines gewaltigen Sturmes sprach er: »Alleine? Was bedrückt dich dies? Alleine kannst du und alleine wirst du den Nebel durchschreiten.

Daher leere deinen Becher alleine und schweigend. Die Tage des Herbstes reichten auch anderen Lippen Becher und füllten sie mit Wein, bitter und süß, wie sie auch deinen Becher füllten.

Leere deinen Becher alleine, selbst wenn er nach deinen eigenen Tränen und nach deinem Blute schmeckt, und preise das Leben für das Geschenk des Durstes. Denn ohne Durst ist dein Herz wie das Ufer eines ausgetrockneten Meeres, klanglos und ohne Gezeiten.

Leere den Becher alleine und trinke den Wein mit Freuden.

Hebe den Becher hoch über dein Haupt und trinke denen zu, die auch alleine trinken.

Einst suchte ich die Gesellschaft der Menschen und saß an ihrer Tafel und trank mit ihnen; doch ihr Wein stieg mir nicht zu Kopf noch floß er in meine Brust. Er lief nur zu meinen Füßen hinab. Mein Durst nach Weisheit blieb unerfüllt, und mein Herz war versiegelt und versperrt. Nur meine Füße waren bei ihnen in dem Nebel, der sie umhüllte.

Da suchte ich die Gesellschaft der Menschen nicht mehr, noch trank ich den Wein an ihrem Tisch.

Deshalb sage ich euch: Wenn die Schläge der Stunden euch peinigen, macht euch nichts daraus. Es ist gut, den Becher der Trauer alleine zu trinken und ebenso den Becher der Freude.«

Eines Tages, als Phardrous, der Grieche,

im Garten einherging, stieß er mit dem Fuß an einen Stein und geriet in Wut. Er packte den Stein und rief grollend: »Du totes Ding auf meinem Weg!« und warf den Stein fort.

Da sprach Almustafa, der Erwählte und Geliebte: »Was sagst du: ›Du totes Ding‹? So lange warst du nun in diesem Garten und weißt nicht, daß es hier nichts Totes gibt? Alle Dinge leben, und sie leuchten vom Wissen des Tages und von der Erhabenheit der Nacht. Du und der Stein, ihr seid eins. Nur in den Schlägen eurer Herzen gibt es einen Unterschied. Dein Herz schlägt schneller, nicht wahr, mein Freund? Ohne Zweifel aber ist es nicht so ruhig. Der Rhythmus des Steins mag ein anderer sein, doch ich sage dir: Wenn du die Tiefen deiner Seele erkennst und die Höhen des Raumes erklimmst, wirst du nur eine Melodie vernehmen, und in ihr singt der Stein mit dem Stern in vollendetem Gleichklang.

Wenn du meine Worte nicht verstehst, dann warte, bis ein neuer Tag beginnt. Wenn du diesen Stein verwünscht hast, weil du in deiner Blindheit über ihn gestolpert bist, dann wirst du auch einen Stern verwünschen, sollte dein Haupt mit ihm am Himmel zusammenstoßen. Doch der Tag wird kommen, da wirst du Steine und Sterne sammeln, wie ein Kind die Lilien des Tales pflückt, und dann wirst du wissen, daß all diese Dinge leben und köstlich duften.«

Am ersten Tag der Woche, als der Klang der Tempelglocken an ihr Ohr drang, sagte einer von ihnen: »Meister, man spricht viel über Gott in dieser Gegend. Was hast du über Gott zu sagen, und wer ist Er in Wahrheit?«

Almustafa stand vor ihnen wie ein junger Baum, der nicht Wind noch Wetter fürchtet, und er antwortete, indem er sprach: »Meine Weggefährten und Freunde, denkt euch ein Herz, das all eure Herzen beherbergt, eine Liebe, die all eure Liebe umfaßt, einen Geist, der all euren Geist umgibt, eine Stimme, die all eure Stimmen einschließt, und eine zeitlose Stille, die tiefer ist als all eure Stille.

Nun sucht in der Fülle eures Selbst eine Schönheit wahrzunehmen, bezaubernder als alles Schöne, ein Lied, unermeßlicher als die Lieder des Meeres und des Waldes, eine

Erhabenheit auf einem Throne, an dem Orion nur eine Stufe ist, und die ein Zepter trägt, in dem das Siebengestirn nichts ist als der Schimmer von Tropfen des Taus. Immer habt ihr nur Essen und Schutz gesucht, ein Gewand und einen Stab; sucht nun den Einen, der weder ein Ziel für eure Pfeile ist noch eine Steinhöhle, die euch vor den Elementen schützt. Und wenn meine Worte hart wie Fels und rätselhaft sind, dann sucht erst recht, damit eure Herzen aufgehen und eure Frage euch zur Liebe und Weisheit des Allerhöchsten führt, den die Menschen Gott nennen.«

Und sie schwiegen jeder für sich und waren bestürzt; und Almustafa fühlte Mitleid mit ihnen, und er blickte sie zärtlich an und sprach: »Laßt uns nun nicht mehr von Gott, dem Vater, sprechen. Laßt uns lieber von den göttlichen Naturen sprechen, die eure Nachbarn sind und eure Brüder, jene Kräfte, die eure Häuser und eure Felder bewegen.

Ihr könntet in eurer Vorstellung euch bis zu den Wolken erheben und dies für Höhe halten; und ihr könntet über das unermeßliche Meer fahren und dies für Entfernung ansehen. Doch ich sage euch: Wenn ihr einen Samen in die Erde legt, erreicht ihr größere Höhen; und wenn ihr eurem Nachbarn die Schönheit des Morgens rühmt, überquert ihr ein größeres Meer.

Zu oft singt ihr von Gott, dem Unendlichen, aber in Wahrheit hört ihr das Lied nicht. Könntet ihr das Lied der Vögel wahrnehmen und die fallenden Blätter, wenn der Wind darüberstreicht, so würdet ihr nicht vergessen, daß diese nur singen, wenn sie vom Ast getrennt.

Abermals bitte ich euch, nicht so freimütig von Gott zu sprechen, der unser Alles ist – lieber sprecht miteinander und beginnt, einander zu verstehen – Nachbar zu Nachbar, göttliche Natur zu göttlicher Natur.

Denn wer wird den Nestling füttern, wenn die Mutter nur in den Himmel sieht? Und welche Anemone wird ihre Erfüllung finden, bis sie nicht durch eine Biene mit einer andern Anemone sich vermählt?

Nur wenn ihr in eurem geringeren Selbst verloren seid, sucht ihr den Himmel, den ihr Gott nennt. Könntet ihr doch die Pfade zu

eurem unermeßlichen Selbst finden, dann wäret ihr weniger träge und würdet die Straßen festigen!

Meine Seeleute und Freunde, es wäre weiser, weniger von Gott zu sprechen, den wir nicht verstehen können, dafür mehr über jeden anderen, den wir verstehen.

Doch wisset, daß wir der Atem und der Wohlgeruch Gottes sind. Wir sind Gott in der Gestalt des Blattes, der Blüte und oftmals der Frucht.«

Eines Tages, da die Sonne am hohen Himmel stand, wandte sich einer der drei, die in der Kindheit mit Almustafa gespielt, an ihn und sagte: »Meister, mein Gewand ist aufgetragen, und ich habe kein anderes. Laß mich zum Marktplatz gehen, um ein neues zu besorgen.«

Almustafa blickte den jungen Mann an und sprach: »Gib mir dein Gewand.« Dieser tat so und stand nackt in der Sonne des Mittags. Und Almustafa sprach mit eherner Stimme: »Nur der Nackte lebt in der Sonne. Nur der Unschuldige zieht mit dem Wind. Und der allein, der tausendmal seinen Weg verlor, wird nach Hause zurückkehren.

Die Engel sind der gerissenen Menschen müde. Erst gestern sprach ein Engel zu mir: ›Wir haben die Hölle erschaffen für die, die prunken. Denn nur das Feuer kann eine glänzende Oberfläche matt machen und alles bis auf den Kern schmelzen.‹

Und ich sagte: ›Da ihr die Hölle schuft, habt ihr auch Teufel erschaffen, um sie zu regieren.‹ Aber der Engel antwortete: ›Nein, die Hölle wird von jenen regiert, die dem Feuer widerstehen.‹

Weiser Engel! Er kennt die Wege der Menschen und die Wege derer, die nur zur Hälfte Menschen sind. Er ist ein Seraphim, der zu den Propheten kommt, um ihnen beizustehen, wenn sie von den Verführern versucht werden. Und er lächelt, wenn die Propheten lächeln, und weint, wenn sie weinen.

Meine Freunde und Seeleute, nur der Nackte lebt in der Sonne. Nur der kann über das größere Meer fahren, der kein Ruder hat. Nur wer dunkel ist während der Nacht, wird mit der Morgendämmerung erwachen, und nur wer mit den Wurzeln im Schnee schläft, wird den Frühling erreichen.

Ihr seid wie Wurzeln, und als Wurzeln seid ihr von einfacher Art; aber ihr habt die Weisheit der Erde. Und ihr schweigt, doch in euren Trieben tönt der Chor der vier Winde.

Ihr seid zerbrechlich und gestaltlos, jedoch der Ursprung riesiger Eichen und das vorgezeichnete Muster der Weiden, die gegen den Himmel ragen.

Noch einmal sage ich, ihr seid nur Wurzeln zwischen dunkler Erde und bewegten Himmeln. Oft habe ich gesehen, wie ihr euch erhobt, um mit dem Licht zu tanzen, doch habe ich auch eure Furcht gesehen. Alle Wurzeln sind furchtsam. Sie halten ihre Herzen so lange versteckt, daß sie nicht wissen, was sie damit tun sollen.

Doch der Mai kommt und rastlos wird er Hügel und Ebenen nähren.«

Einer der Schüler, der im Tempel gedient hatte, seufzte: »Lehre uns, Meister, daß unsere Worte wie die deinen werden, Lied und Weihrauch für das Volk.«

Und Almustafa antwortete und sprach: »Ihr sollt über eure Worte wachsen, doch euer Weg soll bleiben, ein Gleichklang und ein Wohlgeruch; ein Klang für Liebende und Geliebte zugleich und ein Duft für die, die in einem Garten leben möchten.

Ihr sollt über eure Worte wachsen bis zum höchsten Punkt, auf den der Sternennebel fällt, und ihr sollt eure Hände öffnen, bis sie gefüllt sind; dann sollt ihr euch niederlegen und schlafen wie ein weißer junger Vogel in einem weißen Nest, und ihr sollt vom Morgen träumen wie die weißen Veilchen im Frühling.

Ihr sollt auch tiefer als eure Worte dringen.

Ihr sollt die verlorenen Quellen der Ströme suchen, und ihr sollt eine verborgene Höhle sein, welche die matten Stimmen der Tiefen, die ihr jetzt nicht einmal hört, widerhallt.

Ihr sollt tiefer als eure Worte und tiefer als alle Klänge zum wahren Herzen der Erde gehen, und dort werdet ihr alleine sein mit Ihm, der auf den Bahnen der Sterne wandelt.«

Nach einer Weile bat einer der Schüler: »Meister, sprich zu uns vom *Sein*. Was ist *sein*?«

Und Almustafa blickte ihn lange liebevoll an. Dann erhob er sich und ging hinweg von ihnen. Als er zurückkehrte, sagte er: »In diesem Garten liegen mein Vater und meine Mutter, von den Händen des Lebens begraben; und in diesem Garten liegen die Samenkörner des vergangenen Jahres, von den Schwingen des Windes hierher getragen. Tausend Male werden meine Mutter und mein Vater hier begraben; und tausendmal wird der Wind den Samen begraben; und in tausend Jahren werden ihr und ich und diese Blumen wieder zusammenkommen in diesem Garten, so wie jetzt, und wir werden *sein*, liebendes Leben, und wir werden *sein*, träumend vom Raum, und wir werden *sein* und uns zur Sonne erheben.

Doch heute zu *sein*,

heißt weise sein, wenn auch vertraut mit der Torheit; heißt stark sein, aber nicht zum Schaden des Schwachen; heißt mit den Kindern spielen, aber nicht als ihre Väter, sondern als ihre Kameraden, die ihre Spiele lernen wollen;

heißt, einfach und offen sein mit den Alten und mit ihnen im Schatten betagter Eichen sitzen, auch wenn ihr noch im Frühling steht;

heißt, einen Dichter suchen, auch wenn er hinter sieben Flüssen wohnt, und in seiner Gegenwart Frieden empfinden, nichts wollen, ohne Zweifel sein und ohne Frage auf den Lippen;

heißt wissen, daß der Heilige und der Sündige Zwillingsbrüder sind, deren Vater unser Barmherziger König ist, und daß der eine nur kurz vor dem anderen geboren wurde, weshalb wir ihn als Kronprinzen betrachten;

heißt, der Schönheit folgen, auch wenn sie zum Rande des Abgrunds führt; und wenn sie

Flügel hat, ihr aber ohne Flügel seid, ihr folgen, auch wenn sie über den Abgrund geht, denn wo keine Schönheit ist, da gibt es nichts;

heißt, ein Garten sein ohne Mauern, ein Weinberg ohne Wächter, eine Schatzkammer, immer offen stehend für Besucher;

heißt, ausgeraubt, betrogen, enttäuscht, ja sogar irregeführt, in die Falle geraten und dann verspottet sein, trotz alledem aber herabblicken von der Höhe eures größeren Selbst und lächeln im Bewußtsein, daß es einen Frühling gibt, der in euren Garten kommt, um in euren Blättern zu tanzen, und einen Herbst, der eure Trauben reifen läßt;

heißt wissen, daß ihr nur ein Fenster nach Osten öffnen müßt, um niemals allein zu sein, und wissen, daß alle, die für Übeltäter und Räuber gehalten werden, eure Brüder sind, die ihr braucht, und daß ihr selbst all das seid in den Augen der seligen Bewohner der Unsichtbaren Stadt jenseits von uns.

Und nun zu euch, deren Hände all die Dinge formen und finden, die nützlich sind für das Wohlergehen unserer Tage und Nächte: *Sein* heißt, ein Weber sein mit sehenden Fingern; ein Baumeister, der auf Licht und Raum achtet; ein Bauer, der fühlt, wie er mit jedem Samenkorn einen Schatz vergräbt; ein Fischer und ein Jäger mit Erbarmen für den Fisch und das Tier, jedoch mit größerem Erbarmen für den Hunger und die Not der Menschen.

Und ich sage euch: Ich möchte jeden einzelnen von euch als Gefährten haben, zum Nutzen eines jeden; denn nur so könnt ihr hoffen, eure eigenen höheren Ziele zu erreichen.

Meine geliebten Kameraden, seid mutig und nicht sanftmütig; schafft Raum in euch und seid nicht beengt; und bis zu meiner und eurer letzten Stunde versucht, euer größeres Selbst zu sein.«

Und er hörte auf zu sprechen, und tiefe Trauer ergriff die neun Männer, und ihr Herz ward abgewandt von ihm, denn sie verstanden seine Worte nicht.

Und siehe, die drei Seeleute verlangten nach dem Meer; und die, welche im Tempel gedient hatten, sehnten sich nach dem Trost des Heiligtums; und die, welche seine Spielkameraden gewesen, wünschten sich auf den

Marktplatz zurück. Sie alle waren taub für seine Worte, so daß deren Klang zu ihm zurückkehrte wie müde und heimatlose Vögel, die Zuflucht suchen.

Almustafa entfernte sich von ihnen, sprach nicht und blickte sie nicht an. Und sie begannen, über sich nachzudenken und eine Entschuldigung zu suchen für ihr Verlangen, gehen zu wollen.

Und siehe, sie wandten sich um, und ein jeder ging an den Platz, von dem er gekommen; und Almustafa, der Erwählte und Geliebte, blieb allein.

Als die Nacht hereinbrach, wandte er sich zur Grabstätte seiner Mutter und setzte sich neben eine Zeder, die den Platz überschattete. Und es fiel ein Schein gleißenden Lichts vom Himmel, und der Garten glänzte wie ein leuchtendes Juwel an der Brust der Erde.

Und Almustafa schrie auf in der Einsamkeit seines Geistes und sagte:

»Schwer beladen ist meine Seele mit ihrer eigenen reifen Frucht. Wer kommt und nimmt sie und ist erfüllt von ihr? Gibt es keinen, der gefastet hat und guten Willens ist, der kommt und meiner ersten Ernte wegen sein Fasten bricht und mich so vom Gewicht meines eigenen Überflusses befreit?

Meine Seele fließt über vom Wein der Zeiten. Gibt es keinen Durstigen, der trinken will?

Siehe, ein Mann stand an einem Kreuzweg und hielt den Vorübergehenden die Hände entgegen, und sie waren mit Juwelen gefüllt. Und er rief den Vorübergehenden zu: ›Habt Mitleid und nehmt von mir. Im Namen Gottes, leert meine Hände und tröstet mich.‹ Doch die Vorübergehenden blickten ihn nur an, und keiner nahm von seiner Hand. Wäre dies einem Bettler geschehen, daß er seine zitternde Hand um eine Gabe ausstreckt und sie leer an die Brust zurückführt, so wie ich sie voll reicher Gaben hinstrecke und niemanden finde, der sie nimmt?

Und siehe, da war ein reicher Fürst, der seine seidenen Zelte zwischen dem Gebirge und der Wüste errichtete und seine Knechte beauftragte, Feuer zu entfachen für den Fremden und den Wanderer; und der alle Diener hinsandte, um auf der Straße Ausschau zu halten nach einem Gast. Aber die Straßen und Pfade der Wüste waren leer, und sie fanden keinen. Dieses wäre nicht geschehen, wäre dieser Fürst ein Mann von nirgendwo und niemals gewesen, auf der Suche nach Nahrung und Schutz. Dies wäre auch keinem Wanderer geschehen, der nichts gehabt hätte als seinen Stab und ein irdenes Gefäß. Denn bei Einbruch der Nacht hätte er seinesgleichen getroffen und die Dichter von nirgendwo und niemals, und sie hätten ihre Beute geteilt und ihre Erinnerungen und ihre Träume.

Und siehe, die Tochter eines großen Königs erhob sich vom Schlaf und legte ihr seidenes Gewand an mit Perlen und Rubinen und besprühte ihr Haar mit Moschus und tauchte ihre Finger in Amber. Dann stieg sie von ihrem Turm in den Garten hinab, wo der Tau ihre goldenen Sandalen netzte.

In der Stille der Nacht suchte die Tochter des großen Königs Liebe, doch im ganzen unermeßlichen Reich ihres Vaters war keiner, der ihr Liebe schenken wollte.

Wäre dies geschehen, wenn sie die Tochter eines Bauern gewesen wäre, die die Schafe auf dem Felde hütete und am Abend zum Hause des Vaters zurückkehrt mit dem Staub der Straße an den Füßen und dem Geruch der Weinberge in den Falten ihres Gewands?

Nein, denn wenn die Dunkelheit einbricht und der Engel der Nacht über der Welt ist, wird sie zum Flußbett schleichen, wo ihr Liebhaber wartet.

Würde dies geschehen, wenn sie eine Nonne in einem Kloster wäre, deren Herz vom Weihrauch entflammt ist, so daß es sich zum Himmel erheben kann, und deren Geist sich so verzehrt wie eine Kerze, die Licht sendet, einem größeren Licht entgegen, und die sich all denen verbunden weiß, die opfern und lieben und geliebt werden?

Und würde dies geschehen, wenn sie eine Frau – alt an Jahren – wäre, die in der Sonne sitzt und jener gedenkt, die die Jugend mit ihr geteilt?«

Die Nacht nahm zu, und Almustafa war düster wie sie, und sein Geist glich einer schweren Wolke, und von neuem rief er:

«Schwer beladen ist meine Seele mit ihrer eignen reifen Frucht,
Schwer beladen mit der Ernte.

Wer kommt, um zu essen und sich an ihr zu sättigen?
Meine Seele fließt über vom eigenen Wein.
Wer kommt, um zu trinken und von der Hitze der Wüste sich abzukühlen?

Warum bin ich nicht ein Baum ohne Blüten und Früchte?
Denn die Qual des Überflusses ist bitterer als die Dürftigkeit,
Und die Trauer des Reichen, von dem niemand nimmt,
Ist größer als die Trauer des Bettlers, dem keiner gibt.

Weshalb bin ich keine Quelle, vertrocknet und versiegt, und Menschen werfen Steine in mich?
Denn es wäre besser und leichter, eine drükkende Last zu verspüren, als eine Quelle lebenden Wassers zu sein,
Gereicht den Menschen, die vorübergehen und nicht trinken wollen.

Warum bin ich nicht ein zertretenes Schilf?
Denn dies wäre besser, als eine Lyra zu sein, mit silbernen Saiten,
In einem Haus, dessen Herrn die Finger fehlen
Und dessen Kinder taub sind.«

Sieben Tage und Nächte näherte sich niemand dem Garten, und Almustafa blieb allein mit seinen Erinnerungen und seinem Schmerz; denn auch die, welche seine Worte mit Liebe und Geduld gehört, hatten sich den Geschäften früherer Tage zugewandt.

Nur Karima kam. Stille umhüllte ihr Gesicht wie ein Schleier. Sie brachte einen Becher und eine Schüssel, Trank und Speise, um seine Einsamkeit und seinen Hunger zu lindern, und stellte dies vor ihn hin. Dann machte auch sie sich auf den Weg.

Und Almustafa ging zu den weißen Pappeln am Eingang des Gartens. Dort setzte er sich nieder und blickte auf die Straße. Und nach einer Weile nahm er eine Staubwolke wahr, die über die Straße fegte und sich ihm näherte. Und aus der Wolke traten die neun Schüler, geleitet von Karima.

Almustafa trat ihnen entgegen, und sie gingen durch das Tor, und alles war so, als ob sie ihn erst vor einer Stunde verlassen hätten.

Sie betraten das Haus und aßen mit ihm zu Abend an seinem bescheidenen Tisch, auf den Karima Brot und Fisch gelegt. In die Becher hatte sie den Rest des Weins gegossen und bat nun den Meister: »Laß mich in die Stadt gehen, denn wir haben keinen Wein mehr, um die Becher wieder zu füllen.«

Er blickte sie an, und in seinen Augen lag Sehnsucht nach einem fernen Land, und er sagte: »Nein, dieser genügt für den Augenblick.«

Und sie aßen und tranken und waren gesättigt. Als das Mahl zu Ende war, sprach Almustafa mit feierlicher Stimme, tief wie die See und kraftvoll wie eine gewaltige Flut unter dem Mond: »Meine Kameraden und Weggefährten, der Tag der Trennung ist gekommen. Lange segelten wir auf gefährlichen Meeren, wir erklommen die steilsten Berge und rangen mit den Stürmen. Wir haben den Hunger kennengelernt und wir saßen an Hochzeitstafeln. Oft waren wir nackt und oft trugen wir königliches Gewand. Weit sind wir gereist, doch jetzt scheiden wir. Ihr werdet euren Weg gemeinsam gehen, und ich den meinen alleine.

Auch wenn Meere und weite Länder uns trennen, werden wir zusammen sein auf unserer Reise zum Heiligen Berg.

Doch bevor sich unsere Wege trennen, will ich euch die Ernte und die Lese meines Herzens reichen:

Geht euren Weg singend; doch soll jedes Lied kurz sein, denn nur die Lieder, die jung auf euren Lippen sterben, werden in den Herzen der Menschen leben.

Erzählt mit wenigen Worten eine freudige Wahrheit, doch niemals eine häßliche. Sagt dem Mädchen, dessen Haar in der Sonne glänzt, daß sie die Tochter des Morgens ist. Doch wenn ihr einen Blinden seht, so sagt ihm nicht, er sei ein Sohn der Nacht.

Hört dem Flötenspieler zu, als vernähmet ihr das Lied des April; doch wenn ihr den Krittler und Nörgler sprechen hört, seid taub wie euer eigenes Gebein und weit entfernt wie eure Phantasie.

Meine geliebten Freunde, auf eurem Weg werdet ihr Menschen mit Hufen treffen: Gebt ihnen Schwingen; und Menschen mit Hörnern: Gebt ihnen Lorbeerkränze. Und andere mit Klauen: Gebt ihnen Blumenblätter als Finger. Und Menschen mit gespaltener Zunge: Gebt ihnen Honig für ihre Reden.

All diesen werdet ihr begegnen und noch anderen: Ihr werdet den Lahmen treffen, der Krücken verkauft; und den Blinden, der mit Spiegeln handelt. Und ihr werdet dem Reichen begegnen, der am Tor des Tempels bettelt.

Dem Lahmen gebt von eurer Schnelligkeit, dem Blinden von eurer Sehkraft; und trachtet, den reichen Bettlern von eurem Selbst zu geben; sie sind von allen die bedürftigsten, denn sicher würde keiner die Hand nach Almosen ausstrecken, ohne wirklich arm zu sein, auch wenn er große Güter sein eigen nennt.

Meine Kameraden und Freunde, ich ermahne euch bei unserer Liebe, Pfade zu

sein, die einander in der Wüste kreuzen, dort wo Löwen und Kaninchen, Wölfe und Schafe aufeinandertreffen.

Und denkt daran: Ich lehre euch nicht das Geben, sondern das Empfangen; nicht die Verweigerung, sondern die Erfüllung; und nicht den Gewinn, sondern das Verstehen, mit einem Lächeln auf den Lippen.

Ich lehre euch nicht die Stille, sondern ein sanftes Lied.

Ich lehre euch euer größeres Selbst, das alle Menschen in sich tragen.«

Und er erhob sich vom Tisch, begab sich in den Garten und trat in den Schatten der Zypressen, da es Abend war. Und seine Schüler folgten ihm in kurzer Entfernung, denn ihr Herz war schwer und ihre Zunge klebte ihnen am Gaumen.

Nur Karima trat zu ihm und sagte: »Meister, erlaube, daß ich ein Mahl bereite für den morgigen Tag und deine Reise.«

Und er blickte sie mit Augen an, die in andere Welten sahen, und sprach: »Meine geliebte Schwester, alles ist vollendet, schon seit dem Anbeginn der Zeit. Speise und Trank ist bereitet, für den morgigen Tag wie für den gestrigen und für unser Heute.

Ich gehe, doch wenn ich mit einer ungesagten Wahrheit gehe, wird mich diese wieder suchen und mich finden, wenn auch die Teile meines Seins in der Stille der Ewigkeit verstreut sind. Und ich werde wieder zu dir kommen, um mit einer neugeborenen Stimme zu sprechen aus dem Herzen dieser grenzenlosen Stille.

Und wenn es etwas Schönes gibt, das ich dir nicht gezeigt, dann werde ich einst wieder gerufen, sogar bei meinem eigenen Namen; und ich werde dir ein Zeichen geben, damit du weißt, daß ich zurückgekommen bin, um von all dem zu sprechen, das noch nicht verkündet ist; denn Gott wird es nicht ertragen, daß Er vom Menschen verborgen wird und daß Sein Wort begraben liegt im Abgrund des menschlichen Herzens.

Ich werde jenseits des Todes leben und ich werde in euren Ohren singen,
Auch wenn die ungemessene Woge der See mich zurückträgt zur unermeßlichen Tiefe des Meeres.
Ich werde an eurer Tafel sitzen, doch ohne einen Körper,
Und ich werde mit euch auf die Felder gehen als unsichtbarer Geist.
Ich werde zu euren Feuerstellen kommen als ungeseh'ner Gast.
Der Tod verändert nichts außer den Masken, die unsere Gesichter bedecken.
Der Holzfäller wird auch dann ein Holzfäller sein,
Der Bauer ein Bauer,
Und der, der sein Lied dem Wind gesungen, wird es auch den Sphären singen.«

Die Schüler waren stumm wie Steine und trauerten in ihren Herzen, da er gesagt hatte: »Ich gehe.« Doch keiner streckte die Hand aus, um ihn zurückzuhalten, noch folgte ihm einer.

Und Almustafa verließ den Garten seiner

Mutter, und sein Schritt war rasch und tonlos. In einem Augenblick – wie ein Blatt, das von einem starken Wind getrieben wird – war er weit fort von ihnen; und sie sahen nur noch ein schwaches Licht, das den Hügeln zustrebte.

Und die neun gingen die Straße hinab. Die Frau aber blieb, bis die Nacht hereinbrach, und sie sah, wie das Licht und das Zwielicht eins wurden; und sie stillte ihr Leid und ihre Einsamkeit mit seinen Worten: »Ich gehe, doch wenn ich mit einer ungesagten Wahrheit gehe, wird mich diese wieder suchen und mich finden, und ich werde wiederkommen.«

Nun war es Nacht geworden.

Almustafa hatte die Hügel erreicht. Sein Schritt hatte ihn zum Nebel geführt, und er stand, vor allem verborgen, inmitten der Felsen und weißen Zypressen; und er sprach:

»O Nebel, meine Schwester, weißer Atem,
noch nicht in einer Form gefangen,
Ich kehre zu dir zurück als weißer Atem
und ohne Stimme,
Als noch nicht ausgesproch'nes Wort.

O Nebel, meine beflügelte Schwester,
nun sind wir vereint,
Und wir werden zusammenbleiben bis
zum nächsten Tag des Lebens,
Dessen Morgendämmerung dich als
Tautropfen in einen Garten legt

Und mich als Kind an die Brust einer Frau,
Und wir werden uns erinnern.

O Nebel, meine Schwester, ich kehre zurück,
als Herz, das in seine Tiefen horcht,
Wie auch dein Herz;
Ein Wunsch, bebend und ohne Ziel, wie der deine,
Ein Gedanke, noch nicht gesammelt, wie der deine.

O Nebel, meine Schwester, Erstgebor'ne meiner Mutter,
Meine Hände halten noch die grünen Samen,
die zu verstreuen du mich batest,
Und meine Lippen sind versiegelt von dem Lied,
das zu singen du mich hießest;
Ich bringe keine Frucht und keinen Widerhall,
Denn meine Hände waren blind und meine Lippen ohn' Ertrag.

O Nebel, meine Schwester, wie liebte ich die Welt, und wie liebte sie mich wieder,
Denn all mein Lächeln lag auf ihren Lippen, und ihre Träne stand in meinem Auge;
Doch gab es eine Kluft der Stille zwischen uns, die sie nicht überbrücken
Und ich nicht überschreiten konnte.

O Nebel, meine Schwester, meine Schwester Nebel, ohne Tod,
Einst sang ich alte Lieder meinen kleinen Kindern,
Und sie hörten zu, Bewunderung auf ihrem Antlitz;
Doch morgen werden sie das Lied vielleicht vergessen,
Und ich weiß nicht, zu wem der Wind es tragen wird.
Obwohl es nicht das meine war, so kam es doch zu meinem Herzen
Und lag für einen Augenblick auf meinen Lippen.

O Nebel, meine Schwester, auch wenn alles dies vergeht,
Bin ich im Frieden

Es genügte mir, für die zu singen, die geboren sind;
Und wenn das Lied auch nicht das meine ist,
Entspringt es meines Herzens tiefstem Wunsch.

O Nebel, meine Schwester Nebel,
Nun bin ich eins mit dir.
Nicht länger mehr bin ich mein Selbst.
Die Mauern sind gestürzt, die Ketten sind zerbrochen.
Zu dir steig' ich – ein Nebel selbst – empor,
Wir werden auf dem Meere treiben bis zum nächsten Tag des Lebens,
Wenn die Morgendämmerung dich als Tautropfen in einen Garten legt
und mich als Kind an die Brust einer Frau.«

Nachwort

Khalil Gibrans Meisterwerk, das 1923 veröffentlichte Buch »Der Prophet«, gehört zu den Klassikern der internationalen Literatur. Mittlerweile in mehr als zwanzig Sprachen übersetzt, erreichte allein die amerikanische Ausgabe über drei Millionen Leser. Dieses »merkwürdige kleine Buch«, wie Gibran selbst es nannte, hat die menschlichen Beziehungen in jedweder Form zum Hauptinhalt, verkleidet in biblisch-mystische Sprachform. Den Bezug zwischen dem Menschen und der Natur spiegelt der hier erstmals in deutscher Übersetzung vorgelegte Band »Im Garten des Propheten« wider, welcher 1933 – zwei Jahre nach Gibrans Tod – im New Yorker Verlag Alfred A. Knopf erschien. Barbara Young, Vertraute und Biographin Gibrans, bereitete das unvollendete Werk, an welchem Gibran schon Jahre vor seinem Tode arbeitete, und das er als den zweiten Teil des »Propheten« konzipiert hatte (ein dritter Teil mit dem Bezug Mensch–Gott war unter dem Titel

»Der Tod des Propheten« vorgesehen), für die Veröffentlichung vor. Wie schon »Der Prophet« zeigt auch »Im Garten des Propheten« Gibrans inniges Anliegen, die Welt des Christentums und des Islams verschmelzen zu lassen. Dieses Anliegen ist leichter zu verstehen, wenn man sich mit dem Leben Khalil Gibrans vertraut macht:

Am 6. Dezember des Jahres 1883 wird er in Becharré im Quadischa-Tal des Libanons geboren. Seine Mutter Kamileh ist die Tochter eines maronitischen Priesters. 1894 emigriert die Familie, allerdings ohne den Vater, der im Libanon bleibt, in die Vereinigten Staaten von Amerika, nach Boston. Politisch war der Libanon türkische Provinz, die erst ab 1861 einem maronitischen Gouverneur unterstand. 1920 erhielt Frankreich das Mandat für das nun mit Syrien vereinte »Großlibanon«. Nicht nur heute also ist diese Region Schauplatz machtpolitischer Kämpfe aller Art, Spannungsgebiet schwer zu durchschauender Interessen, Arena für inner- und außerarabische Konflikte. – Gibran, der mittlerweile zum Studium seiner Muttersprache und zur Beschäftigung mit der klassischen und modernen arabischen Literatur an die »Schule der Weisheit« in den Libanon zurückgekehrt ist, bereist 1901 Griechenland, Italien und Spanien. 1904 beginnt er als Maler Aufmerksamkeit zu erregen, und 1905 erscheint sein erstes Buch in arabischer Sprache, »Die Musik«. Drei Jahre später erreicht er Paris, wo er an der Akademie Julien und der Ecole des Beaux Arts studiert. Begegnungen mit Auguste Rodin, Claude Debussy und Maurice Maeterlinck, wie die Beeinflussung durch das Werk William Blakes und Friedrich Nietzsches »Also sprach Zarathustra« lassen ihn allmählich zu einer ganz und gar europäisch geprägten Gestalt werden, die allerdings seine arabische Herkunft nie verleugnet. 1910 plant Gibran, in Zusammenarbeit mit einem Freund, ein Opernhaus für Beirut, dessen Kennzeichen zwei Kuppeln sein sollen – Symbol der Versöhnung zwischen Islam und Christentum, jener beiden Weltreligionen, die im Libanon neben-, aber nicht miteinander existierten und existieren. In der Zeit des Italienisch-Türkischen Krieges, in dem Italien Tripolis annektiert und die Cyrenaika, beginnt auch Gibrans politische Aktivität, die gleichzeitig seine dualistische Persönlichkeit ans Licht treten läßt. Während er von Amerika aus mit arabischen Worten, in Artikeln für arabische Zeitungen seine Landsleute zum Widerstand gegen die Besetzer auffordert, verlangt er in seinen englischen Werken nach Ruhe und Frieden. 1912 verläßt Gibran Boston und zieht nach New York, wo 1918 sein erstes Buch in englischer Sprache »Der Narr« erscheint. 1920 wird er Gründungspräsident der literarischen Vereinigung »Arrabitah«, welche sich hauptsächlich arabischer Exilschriftsteller annimmt. Gibran veröffentlicht zudem die Werke »Die Stürme«, »Der Vorbote« (1920), »Sand und Schaum« (1926), »Jesus Menschensohn» (1928) sowie »Die Götter der Erde« (1931). Am 10. April 1931 stirbt Gibran in New York und wird am 21. August in seiner Geburtsstadt Becharré in der Kapelle des Klosters Mar Sarkis, seinem Wunsche gemäß, beigesetzt. In der Nähe des Klosters wird mit Unterstützung der libanesischen Regierung ein Gibran-

Museum eingerichtet. Neununddreißig Jahre später findet in Beirut das erste internationale Gibran-Festival statt.

Gibran menschlich wie literarisch einzuschätzen ist ein schwieriges Unterfangen. »Man hat ihn den großen Mystiker, den Philosophen, den religiösen Menschen, den Ketzer, den Gelassenen, den Aufrührer, den Zeitlosen genannt«, schreibt Joseph Sheban, ein Biograph Gibrans. Gesichert jedenfalls ist, daß sein Versuch, Christentum und Islam zu vereinen (zumindest literarisch) gelang. Daher rühren auch die inhaltlichen und sprachlichen Anklänge an die Bibel im »Propheten«, wie im »Garten des Propheten«. Archaische Bildhaftigkeit und biblische Metaphorik, islamische Mystik und europäische Philosophie finden sich in den von Gibran stets neu erörterten »Fünf letzten Fragen«, den Fragen nach Leben, Tod, Liebe, Erde und Gott. Es geht ihm um das alte, sokratische »Erkenne dich selbst«. Und – wie Hegel – zeigt er anhand der Dialektik von Knospe, Blüte und Frucht, daß in der Verschiedenheit nicht nur die Einheit und der Widerspruch geborgen ist, sondern vor allem die fortschreitende Entwicklung zur sichtbaren Wahrheit. Das Ganze, also die Einheit von Knospe, Blüte und Frucht zu sehen, ist das Vermögen der Vernunft, und Freiheit besteht in der von der Vernunft geleiteten Bewegung auf das Ganze als solches hin. »Wir sind Gott in der Gestalt des Blattes, der Blüte und oftmals der Frucht«, heißt es im »Garten des Propheten«.

Einheit wird gesehen als Innesein des Lebens im Tode bzw. des Todes im Leben; die Frucht als Vollendung ist das eigentliche Wesen, der Kern, um den herum die Wirklichkeit sich legt. Sind Blüte und Frucht im Kern schon angelegt, so wird der Same der Blüte wieder einen neuen Kern ergeben. Somit verweist der Tod als Frucht darauf, daß er selbst fruchtbar ist, und daß er die Möglichkeit, überhaupt fruchtbar zu sein, aus dem Leben selbst empfängt, wie das Leben seine eigene weitere Fruchtbarkeit aus dem Ab-Leben erhält. Beide »Propheten«-Bücher schließen daher mit dem Gedanken der Wiedergeburt. Diese rhythmische, spiralenförmige Wiederholung des sich selbst reproduzierenden Lebens ist nicht nur durch die Reflexionsgabe des menschlichen Bewußtseins einsehbar, sondern auch durch empirische Betrachtung der Natur wie des Lebens selbst, die freilich wiederum zum Gegenstand der bewußten Reflexion wird – wie an Gibrans Wort abzulesen ist. Der Tod nimmt nicht, er setzt frei, und das Leben gibt, indem es sich im Tode selbstentäußert. In der Einheit leben beide über die Endlichkeit hinweg. Daß die Seele des Menschen daher göttlichen Ursprungs ist, bedarf keiner weiteren Erörterung.

Khalil Gibran, der jede Form dogmatischer religiöser Lehrsätze ablehnte, ist somit ein Erneuerer des Glaubens – vertrauend auf das Leben selbst, ohne dabei einem platten Pantheismus zu verfallen. Und wie gültig sein Denken ist, zeigt eine besondere Passage aus dem »Garten des Propheten«: »Arm das Land, das gespalten ist in Teile, und darin jeder Teil ein eigen Land sich nennt.« Das Schicksal des Libanon, wie das Beispiel anderer geteilter Staaten, verleiht diesem Satz erschreckende Aktualität. Gibran selbst ist der Prophet, und sein Schauen ist sein Garten.

Hans Christian Meiser

Robert Fulghum
Alles, was Du wirklich wissen mußt, hast Du schon als Kind gelernt.

MEINE NACHBARIN ist eine sehr nette Dame. Offenbar bester Stimmung kommt sie gerade aus dem Haus und will zur Arbeit fahren. Sie schließt die Haustür ab und nimmt ihr tägliches »Gepäck« auf: die Handtasche, das Lunchpaket, die Aerobictasche und den Mülleimer, den sie ans Gartentor stellen will. Sie wendet sich um, sieht mich, begrüßt mich lächelnd mit einem lauten »Hallo«, geht drei Schritte über die Veranda und schreit plötzlich auf: »Aaaaaa!!!« – ungefähr so laut wie eine Feuersirene. Ein Spinnennetz! Sie ist direkt in ein Spinnennetz gelaufen. Und jetzt erhebt sich natürlich die Frage: Wo ist die Spinne?

Alles, was sie in den Händen hält, fliegt zu Boden. Es folgt ein wilder Tanz. Sie sieht aus wie ein liebestoller, mit den Flügeln schlagender balzender Storch. Sie greift mit den Händen ins Gesicht und in die Haare, und wieder kreischt sie in den höchsten Tönen »Aaaaaa!!!« Sie versucht, die Haustür aufzureißen, hat aber vergessen, daß sie sie zugeschlossen hat. Sie versucht es noch einmal: Steckt den Schlüssel ins Schlüsselloch – und bricht ihn ab. Verzweifelt rennt sie um das Haus herum zur Hintertür. Ein neuer Schrei: »Aaaaaa!!!...«

Man kann die ganze Szene aber auch aus einer ganz anderen Perspektive sehen. Aus der der Spinne. Sie ist ein ganz gewöhnliches, mittelgraues, älteres weibliches Tier. Sie hat schon vor Morgengrauen mit der Arbeit an ihrem

Netz begonnen. Ein schöner Tag, kein Wind, die Luftfeuchtigkeit ist genau die richtige, so daß die Spinnenfäden klebrig bleiben. Nun überprüft die Spinne noch einmal alle Verbindungen und denkt an die kleinen Mücken, die sie sich zum Frühstück zu Gemüte führen will. Sie fühlt sich ganz wohlig und wartet gespannt auf ihre Beute. Doch plötzlich ist die Hölle los – ein Erdbeben, ein Tornado, ein Vulkanausbruch. Das Netz ist zerrissen und wickelt sich um ein riesiges, zappelndes Wesen, und aus einem großen, bemalten Stück Fleisch dringt ein Laut, den die Spinne bis dahin noch nie gehört hat: »Aaaaaa!!!« Die Beute ist zu groß, um in das Netz eingewickelt und später verzehrt zu werden, und sie bewegt sich so heftig, daß man sie nicht festhalten kann. Soll sie sie anspringen? Soll sie sich daran klammern und hoffen, daß sie sie doch festhalten kann? Soll sie sich festbeißen?

Ein menschliches Wesen. Sie hat einen Menschen gefangen. Jetzt fragt sich nur noch, wohin dieser Mensch gehen wird und was er dort tun wird.

Meine freundliche Nachbarin hat den Eindruck, die Spinne sei so groß wie ein Hummer, habe große Lippen aus Gummi und spitze Giftzähne. Wahrscheinlich wird sich die freundliche Dame nackt ausziehen, unter die Dusche gehen und sich abseifen, um sicherzugehen, daß sie das Tier losgeworden ist. Und dann wird sie ihre Kleider wechseln, um die Möglichkeit auszuschließen, daß sich die Spinne irgendwo in einer Kleiderfalte versteckt hat.

Und die Spinne? Nun, wenn sie das alles überlebt hat, wird sie etwas zu erzählen haben – über dieses riesige Tier, das ihr entkommen ist. »Und du hättest sehen sollen, was für ein *Gebiß* dieses Ungeheuer hatte!«

Spinnen sind erstaunliche Geschöpfe. Es gibt sie schon seit etwa dreihundertfünfzig Millionen Jahren, und so sind sie praktisch jeder Lebenslage gewachsen. Es gibt sehr viele von ihnen – im Wohngebiet am Stadtrand hat man auf einer Fläche von vier Hektar etwa sechzig- bis siebzigtausend Stück gezählt. Ich beneide diese Tiere um die Fähigkeit, ein so kunstvolles Netz herzustellen. Man stelle sich doch nur vor, wie es sein würde, wenn Menschen das gleiche könnten, wenn wir am unteren Ende unseres Rückgrats diese kleine Drüse mit sechs Öffnungen hätten und damit so etwas wie Fäden aus Fiberglas herstellen könnten. Das Verschnüren von Paketen wäre eine Kleinigkeit! Das Bergsteigen würde ganz andere Dimensionen annehmen. Und bei den Olympischen Spielen würden sich unerahnte Möglichkeiten eröffnen, genauso wie beim Flicken und bei der Kindererziehung. Sind das nicht wirklich verführerische Vorstellungen? Andererseits wäre es wohl nicht ganz einfach, all die riesigen »Menschennetze« immer wieder aufzukehren.

Das alles erinnert mich an ein Kinderlied, das bei uns jeder kennt. Es ist die Ballade von der winzigkleinen Spinne, die in der Dachrinne nach oben krabbelte. Doch dann kam ein riesiger Regenguß und spülte sie wieder hinunter. Nun wurde sie von der Sonne beschienen und getrocknet, und die kleine, winzige Spinne kroch wieder in die Rinne und nach oben. Ich nehme an, auch Sie sind mit dieser Situation vertraut. Worum geht es hier eigentlich? Warum kennen wir alle dieses Lied? Warum bringen wir es immer wieder unseren Kindern bei? Warum tun wir das, obwohl die Spinne hier in einem sehr günstigen Licht erscheint? Niemand schreit: »Aaaaaa!!!« wenn er es singt. Vielleicht liegt es daran, daß das Abenteuer des Lebens darin so klar und einfach dargestellt wird. Dieses kleine Geschöpf ist lebendig und sucht das Abenteuer. Es findet eine Dachrinne – einen langen Tunnel, der nach oben ins

Licht führt. Die Spinne denkt gar nicht erst darüber nach, sie macht sich einfach auf den Weg. Doch sie erlebt eine Katastrophe – Regen, Überschwemmung, gewaltige Naturkräfte. Und sie wird hinuntergespült und weit über die Stelle hinausgeschleudert, von der sie ihren Aufstieg begonnen hat. Sagt die Spinne nun: »Zum Teufel damit«? Nein. Der Himmel klärt sich auf, die Sonne kommt heraus und trocknet die Spinne. Und das Tierchen kriecht hinüber zur Dachrinne, schaut hinauf und denkt, es möchte *wirklich* wissen, wie es da oben aussieht. Es ist inzwischen ein wenig weiser geworden. So wirft es zunächst einen prüfenden Blick zum Himmel, wählt einen Weg, auf dem seine Beinchen einen besseren Halt haben, sagt ein Spinnengebet und krabbelt hinauf durch das geheimnisvolle Dunkel der Röhre zum Licht, um sich von dem überraschen zu lassen, was es dort oben zu sehen gibt.

Die Lebewesen auf dieser Erde tun das schon seit langer, langer Zeit. Sie haben sich auch durch Katastrophen und Rückschläge aller Art nicht davon abhalten lassen. Wir sind Überlebenskünstler. Und unsere Kinder lernen aus unseren Erfahrungen. Und vielleicht teilen die Spinnen in irgendeiner spinnenspezifischen Weise ihren Jungen auch ihre Erfahrungen mit.

So wird auch meine Nachbarin überleben und ein wenig klüger sein, wenn sie das nächste Mal aus ihrer Haustür tritt, um zur Arbeit zu gehen. Und auch die Spinne wird, wenn sie überlebt, etwas aus dieser Erfahrung gelernt haben. Und wenn nicht, dann gibt es noch viele andere Spinnen, denen dieser Vorfall zur Warnung dienen kann.

AUF DEN SALOMONINSELN im südlichen Pazifik haben die Eingeborenen eine besondere Methode entwickelt, Bäume zu fällen. Wenn ein Baum zu groß ist, um mit der Axt gefällt zu werden, wird er durch lautes Brüllen zu Fall gebracht. (Ich kann den Artikel, in dem ich das gelesen habe, nicht mehr finden, aber ich kann beschwören, es wirklich gelesen zu haben.) Waldbewohner, die über besondere Kräfte verfügen, klettern im Morgengrauen auf einen Baum und fangen an, aus Leibeskräften zu schreien. Sie tun das dreißig Tage lang. Der Baum stirbt und fällt um. Diese Leute glauben, das Schreien töte den Geist des Baumes. Die Eingeborenen behaupten, daß diese Methode stets zum Erfolg führt.

O diese armen, naiven unschuldigen Menschen! Sie haben wirklich seltsame Vorstellungen. Sie schreien Bäume an – wie primitiv. Schlimm, daß sie noch nicht über die Segnungen der modernen Technologie und Wissenschaft verfügen.

Aber was tue ich? Ich schreie meine Frau an – und das Telefon und den Rasenmäher. Ich schreie den Fernseher, die Zeitung und meine Kinder an. Es ist sogar vorgekommen, daß ich mit drohend geballter Faust den Himmel angebrüllt habe.

Oft höre ich, wie mein Nachbar im Haus nebenan seine Katze anbrüllt. Und im vergangenen Sommer hat er an einem Nachmittag sogar eine Leiter angeschrien. Wir modernen, kultivierten, wohlerzogenen Menschen schreien, wenn wir uns über andere Verkehrsteilnehmer, Fußballschiedsrichter, Rechnungen, Banken und Maschinen ärgern. Besonders an Maschinen lassen wir unseren Zorn aus. Maschinen und Verwandte werden am häufigsten angebrüllt.

Und wozu das alles? Maschinen und andere Dinge rühren sich dabei nicht von der Stelle. Auch wenn man sie mit Füßen tritt, hat das gewöhnlich keine besondere Wirkung. Bei Menschen ist das vielleicht anders. Wenn man Lebewesen anbrüllt, kann man den Geist in ihnen töten. Knüppel und Steine können uns die Knochen brechen, aber Worte brechen uns das Herz...

DAS SPIEL HIESS RIESEN, Zauberer und Zwerge. Ich hatte die Aufgabe übernommen, etwa achtzig Kinder im Alter von sieben bis zehn Jahren zu beaufsichtigen, während ihre Eltern an einer anderen Veranstaltung teilnahmen. Ich hatte sie im Gemeinderaum unserer Kirche versammelt und erklärte ihnen das Spiel. Es ist eine Version des bekannten Kinderspiels »Stein, Papier und Schere«, und es soll die geistige Entscheidungsfähigkeit fördern helfen. Aber eigentlich kommt es nur darauf an, daß möglichst viel Krach gemacht wird, alles durcheinanderrennt und schließlich niemand mehr weiß, auf welcher Seite er ist und wer gewonnen hat.

Eine solche Gesellschaft ausgelassener Grundschüler in zwei Gruppen einzuteilen, ihnen den Sinn des Spiels zu erklären und begreiflich zu machen, wer zu welcher Gruppe gehört, das ist an sich schon eine beachtliche Leistung. Aber mit einigermaßen gutem Willen gelang es uns schließlich, und wir waren bereit, anzufangen.

Die Erregung hatte ihren Höhepunkt erreicht, und ich rief: »Ihr müßt euch *jetzt* entscheiden, welche Gruppe ihr sein wollt: die Riesen, die Zauberer oder die Zwerge!«

Während die Gruppen sich zusammensetzten und sich im Flüsterton miteinander berieten, spürte ich ein zaghaftes Zupfen an meinem Hosenbein. Neben mir stand ein kleines Mädchen, sah mich fragend an und sagte leise in besorgtem Ton: »Wo stellen sich die Nixen auf?«

Wo stellen sich die Nixen auf?

Eine lange Pause. Eine sehr, *sehr* lange Pause. »Wo stellen sich die Nixen auf?« sagte ich.

»Ja. Ich bin nämlich eine Nixe.«

»Es gibt keine Nixen.«

»Doch, ich bin eine!«

Sie wollte weder zu den Riesen, noch zu den Zauberern oder den Zwergen gehören. Sie wußte, wer sie war: eine Nixe. Und sie war auch nicht bereit, auf das Mitspielen zu verzichten und irgendwo als Mauerblümchen an der Wand zu stehen. Sie wollte teilnehmen, und zwar als Nixe und ohne auf ihre Würde oder Identität zu verzichten. Sie hielt es für selbstverständlich, daß es in diesem Spiel auch einen Platz für Nixen gab und daß ich wußte, wo sie hingehörten.

Wo also stellen sich die Nixen auf? Wo ist der Platz für die Nixen, für alle diejenigen, die anders sind als die anderen, die sich in keine Norm pressen lassen und sich nicht in eine beliebige Kategorie einfügen wollen?

Wer die Antwort auf diese Frage wüßte, der könnte eine Schule, eine Nation oder eine ganze Welt darauf gründen.

Und wie lautete meine Antwort in diesem Augenblick? Manchmal kommt es vor, daß mir das Richtige einfällt. »Die Nixe steht hier an der Seite des Königs der Meere!« (Ja, hier neben dem Hofnarren, dachte ich mir.)

So standen wir also Hand in Hand nebeneinander und beobachteten aufmerksam das wilde Durcheinander der Zauberer, Riesen und Zwerge.

Im übrigen stimmt es gar nicht, daß es keine Nixen gibt. Ich kenne eine, denn ich habe sie an der Hand gehalten.